김정아

서울대학교 노어노문학과를 졸업하고 동 대학원에서 석사를 마쳤다. 서울 대학교 박사과정 재학 중 미국으로 유학해, 일리노이 대학교University of Illinois at Urbana-Champaign 슬라브 어문학부 대학원에서 슬라브 문학으로 석·박사 학위를 받았다. 부전공으로는 폴란드 문학을 공부했다.

박사 논문은 「도스토옙스키의 『죄와 벌』에 나타난 숫자와 상징」이며, 다수의 소논문을 국내외 언론에 발표했고, 서울대학교 등에서 문학을 강의했다. 저 서로는 『패션 MD』가 있으며, 역서로는 『죄와 벌』(지식을만드는지식), 『카라마 조프가의 형제들』(지식을만드는지식) 등 14권이 있다.

운명처럼 맞닥뜨린 패션계. 잠시만 거쳐 가려고 했으나 어느새 국내에서 독 보적인 패션 MD가 되었다. 현재 (주)샘플링의 대표이사이며, 편집숍 '스페 이스 눌'과 모노 브랜드 스토어 '메릴링'의 대표 겸 MD로 활동하고 있다. 그 리고, 연세대학교와 SK planet 등 대기업 임원들을 대상으로 '패션과 유통 의 미래' 등에 대해 활발한 강의를 하고 있다.

스페이스 눌을 통해 하쉬와 에르노의 여성복 라인을 국내에 처음으로 소개 했고, 호프, 타이거 오브 스웨덴, 메릴링, 파드칼레, 스테판 쉬나이더, 데이 드림 네이션, 데바스티 등의 브랜드를 독점적으로 전개하고 있다. 또, 쇼룸 샘플링을 통해 호프, 파드칼레, 데바스티, 르 브리치올레 등의 국내 홀세일 도 담당하고 있으며, 보다 새롭고 독창적인 브랜드를 발 빠르게 소개하기 위해 고군분투하고 있다.

TITO SAUL PINILLA
Ambassador of Colombia

Ever since 1951 when a group of brave Colombian soldiers came to Korea our hearts were united forever. In the future I wish we can strength our ties through continuous cultural exchange. This masterpiece written by Anya Kim will give Koreans a good chance to learn more about Colombian culture.

This book is especially significant as it is the first book in Korean that talks about Wayuu people and their culture. Wayuu culture has been present in Colombia and in La Guajira even before the Spaniards came to America. The Wayuu have been able to preserve these traditions which allow all Colombians to connect to our past. Wayuu legends are taught to kids in school so we can learn about the diversity that makes our country such a magical place.

Anya made a magnificent work in explaining in simple words the fascinating Wayuu culture so everyone in Korea can understand. For this job Colombia will always be grateful to Anya and consider her a close friend. Koreans have shown appreciation for the Wayuu bags which are more than a fashion item but a cultural expression which makes me proud and grateful.

Once again I would like to thank Anya for this huge contribution to the relations between Korea and Colombia.

TITO SAÚL PINILLA PINILLA
Ambassador of Colombia in Korea

콜롬비아 대사 추천사

1951년, 콜롬비아 군대가 6.25전쟁에 참전한 이래로 우리의 가슴속에는 여전히 그때 그 연대감이 살아 있다. 그래서 좀더 많은 문화 교류의 장이 열릴 수 있다는 희망을 갖고 있다.

김정아 대표가 집필한 《모칠라 스토리》는 한국인들에게 콜롬비아 문화를 알리는 역할을 하리라 믿는다. 이 책은 특히 와유사람과 그들의 문화를 담아 소개하는 한국어로 된 첫 번째 책이라는 데 그 특별함이 더하다. 에스파냐 문명이 들어오기 훨씬 전부터 콜롬비아에 존재한 와유사람들은 과거의 전통과 현재를 잇는 매우 중요한 역할을 하고 있다. 현재도 콜롬비아의 학교에서 가르치고 있는 와유의 다양한 전설은 문화적 다양성과 위대함을 알리며, 콜롬비아를 멋지고 환상적인 나라로 만드는 데 일조한다.

김정아 대표의 책을 통해 모칠라가 단지 패션 아이템의 하나가 아니라, 콜롬비아인들이 자랑스러워하는 문화적 표현임이 잘 설명되었다. 이 책을 통해 보여준 김정아 대표의 노력과 결실에 대해 주한 콜롬비아 대사로서 진심을 담아 깊은 감사를 표한다. 그리고 그녀는 콜롬비아 인들의 가슴속에 영원히 소중한 친구로 남을 것이다.

한국과 콜롬비아의 관계에 커다란 기여가 된 《모칠라 스토리》와 김정아 대표에게 다시 한 번 큰 감사를 드린다.

티토 사울 피니야 피니야
주한 콜롬비아 대사

모칠라
스토리

THE MOCHILA

모칠라 스토리

김정아 지음

알에이치코리아

CONTENTS

프롤로그 **우 연 이 인 연 이 되 다**

나는 《패션 MD》의 저자이자 '스페이스 눌space null'이 론칭한 다양한 브랜드의
바이어다. 우리 엠디MD, merchandiser는 지구상에서 뜬다 하는 브랜드를 위해서
는 세상 끝까지라도 간다. 이 '핫'한 상품을 국내 패셔니스타들에게 누구보다
빠르게 전하고자 하는 임무를 달성하기 위해서다. 그럼에도 불구하고 발 한 번
디뎌본 적 없는 남아메리카 대륙에 이토록 갑작스럽게 가게 될 줄은 꿈에도 생
각하지 못했다. 그리고 그 뒤에 도미노처럼 일어났던 일련의 사건들은 내게 다
시 한 번 운명이란 얼마나 놀라운 방식으로 자신의 존재를 증명하는지 보여주
었다. 우연과 우연이 켜켜이 쌓이면 그것은 인연을 넘어 운명이 된다.

2년 전, '에스닉 모드'와 함께 갑자기 할리우드 스타들이 너도나도 화려한 색상
의 손뜨개 가방을 들기 시작했다. 인스타그램이나 패션지를 통해 이 화려한 손
뜨개 가방을 눈여겨보고는 있었으나, 그 강한 색과 패턴이 '스페이스 눌'의 다
른 브랜드들과는 어울리지 않는다고 생각했다.

그러던 중 2016년 여름, 얼리어답터early adopter인 고객들로부터 "스페이스 눌
에서는 특별히 골라온 모칠라Mochila를 볼 수 있을 줄 알았는데, 실망했다"라는
질타 섞인 강한 요구를 듣게 되었다. 부랴부랴 주문을 넣으려 했으나, 수작업

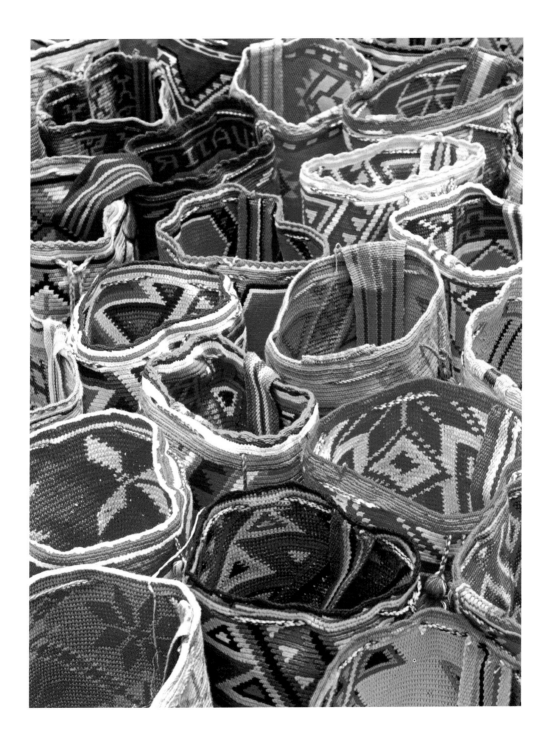

화려한 색의 향연, 모칠라.

특성상 오더 후 최소 6주를 기다려야 하는 현실적인 벽에 부딪혔다. 뿐만 아니라, 그 오더 시트에는 사진과 100퍼센트 똑같은 아이템이 배송된다는 보장을 할 수 없다고 버젓이 써 있었다.

바이어로서 어떤 물건이 올지도 모르면서 6주나 되는 시간을 낭비하고 있을 수는 없었다. 바로 비행기 티켓을 끊어 한 번도 발 디뎌본 적 없는 남아메리카 대륙의 콜롬비아Colombia, 그것도 와유족이 사는 과히라Guajira 사막과 가장 가까운 곳에 위치한 작은 시골 마을 리오아차Riohacha까지 30시간이 넘는 여정에 올랐다. 리오아차는 와유족이 사는 과히라 사막에서 가장 가까운 작고 아름다운 해안도시다.

리오아차는 콜롬비아인들조차 가본 사람이 많지 않을 정도로 외진 곳에 위치해 있다. 그곳 사람들은 아시아인을 거의 본 적이 없는지, 가는 곳마다 무슨 이상한 생물 보듯 모두가 뚫어지게 나를 쳐다보며 신기해했다. 영어가 한마디도 통하지 않는 작은 마을 리오아차. 그곳에서 와유사람들과 손짓 발짓을 해가며 바잉 하는 과정은 정말 색다른 경험이었다. 내가 바잉을 하러 가는 곳은 대부분 뉴욕, 파리, 런던, 밀란, 스톡홀름, 도쿄 등 전 세계에서 가장 화려

과히라에서 가까운 작은 도시 리오아차의 해안가.

한 대도시들이다. 섭씨 34~35도를 넘나드는 뜨거운 열기 속에서 직접 손뜨개를 하고 있는 와유여인들을 만난 경험은 아마도 아주 오랫동안 내 가슴속에 남게 될 것이다.

내 인문학적 호기심이 동했다. 그들이 사는 곳을 봐야 했다. 어떤 환경, 어떤 방식의 삶을 사는 부족이기에, 마치 디오니소스적인 삶의 폭발적인 힘을 지닌 듯한, 이토록 밝고 아름다운 생명력으로 충만한 색채의 향연이 넘치는 물건을 만들어낼 수 있는지 보고 싶었다.

과히라를 향해 달려가며 문명사회가 오래전에 잃어버린 근원적이고 원시적인 힘을 그들에게서 보게 되지 않을까 하는 기대도 남몰래 가지고 있었다. 리오아차도 충분히 오지였지만, 그곳에서 한 시간을 더 가야 하는 과히라 사막까지 달려간 것은 마치 운명의 커다란 자석에 이끌리듯 이렇게 순식간에 일어났다.

이른 새벽, 등이 굽은 노인부터 예닐곱 살의 어린아이까지 모든 식구가 어머니나 누이가 만든 모칠라를 등에 지고 리오아차까지 걸어가는 모습, 여기저기서 유유자적 풀을 뜯고 있는 염소와 소들, 당나귀를 타고 가는 사람들, 트럭 뒤에 대롱대롱 위험천만하게 매달려 가는 사람들…… 문명사회에서 태어나 뼛속까지 문명화된 내게는 엄청난 문화적 충격이었다.

과히라 사막 여기저기에 흩어져 있는 란체리아rancheria라고 불리는 와유의 마을을 두어 군데 둘러보았다. 란체리아는 '커뮤니티'라고 표현하기 어려울 정도로 두세 채 정도의 집으로 이루어진 하나의 공동체다.

집은 그들을 둘러싼 자연에서 나는 흙과 진흙, 마른 나뭇가지 등을 섞어 몸체를 짓고, 요토조로jotojoro라고 불리는 선인장 속을 말려 엮은 지붕을 얹어 만든다. 어느 것 하나 인공적인 요소가 없다. 수도나 전기는 말할 것도 없고, 심지어 유리로 된 창문 하나 없다. 담장은 우리나라의 싸리담장을 닮아 있으나, 이것 역시 말린 선인장 속으로 만든다. 집을 짓는 일은 남자들의 몫으로, 멀리 사는 친척까지 모두 다 와서 하는 축제와 같은 노동이다. 이 모든 것은 전부 자연에서 얻은 재료이고, 그들의 손으로 직접 만들어진다. 인공조명이 현란하게 반짝이는 낮과 같은 밤의 삶은 와유에게는 낯설다. 그들은 해님과 함께 일어나고, 해님과 함께 자러간다. 참으로, 자연을 개척하거나 개발하려 하지 않고 그대로 순응하는 '날것과 같은 삶'이다. 거칠지만 단순하고 아름답다.

드문드문 선인장이나 커다란 나무들이 있는 무채색의 사막 과히라. 어디를 둘

란체리아가 드문드문 흩어져 있는 과히라 사막의 모습. 나무만 한 선인장이 이채롭다.

러봐도 모래를 닮은 모노톤의 색깔뿐이다. 그렇다면 대체 그들이 만들어내는 작품들이 뿜어내는 미칠 듯이 정열적이고 강렬한 색채는 어디에서 오는 것일까. 그것은 자연에 순응하는 삶 속에 곤히 잠들어 있는 와유의 핏속에 흐르는 야성적 본능에서 오는 것임이 분명하다. 주위에 펼쳐진 퍼석하고 생기 없는 사막의 모노톤을 보상이라도 하려는 듯, 그들이 만들어내는 모든 모칠라, 시라(남자들의 허리띠), 해먹 등은 눈이 부실 정도로 화려하다. 집을 짓고, 물을 길으러 가고, 집에 필요한 것들을 뜨고 만들고 하는 일련의 모든 과정을 축제와 전통으로 승화시키는 그들의 활활 타오르는 생명력이 불같은 색채로 그 모습을 드러내는 것이리라.

콜롬비아에 사는 12부족의 원주민 중 가장 큰 인구를 차지하는 와유. 와유의 뜻 자체가 사람이라고 한다. 그래서 이들은 와유족Wayuu tribe라고 불리기보다는, 와유사람Wayuu people이라고 불리기를 좋아한다. 콜롬비아의 공식 언어인 에스파냐어를 쓰는 사람은 거의 없고, 대부분 자신들의 고유 언어인 와유니키를 사용한다. 콜롬비아 공식 언어가 에스파냐어로 된 지 400여 년이 훨씬 지났다는 점을 고려해볼 때, 놀랄 만한 고집이다.

친초로라 불리는 해먹 위에 앉아 보라색 실로 모칠라를 뜨고 있는 와유여인.
눈이 어질어질할 정도로 화려한 원색들로 이루어진 해먹, 그리고 붉은 드레스를 입고 아름답게 치장한 여인.
얼굴에 그려진 문양은 장식적인 목적 외에도 선조의 영혼과의 교감 같은 상징적인 의미를 지닌다.

해먹을 그네 삼아 놀고 있는 와유소녀.
건강한 미소가 아름답다!

소녀들에게 하루 중 가장 즐거운 물 길으러 가는 시간.
물건이나 사람을 실어 나르는 당나귀는 와유의 재산 목록 1호다.

란체리아에서 가장 나이 많은 할머니에게 허락을 받고 어느 한 집에 들어가 보았다. 집에 남겨진 어린 소녀와 소년들도 보았다. 건강하고 맑은 눈의 갓난아이를 번쩍 들어 두 팔에 안아보았다. 아이들은 건강하고 예쁘다.

모든 생명이 그러하듯, 어린아이들은 외부인을 경계나 두려움보다는 아름답고 선량한 호기심으로 대한다. 그러나 살짝은 염려스럽고도 실망스러운 점이 있었다. 문명화된 내 눈에 비친 것은 원시의 생명력보다 퍼석한 가난과 너무 일찍 엄마가 되는 앳된 소녀들과 학교에 갈 나이가 훌쩍 지난 듯한 건강한 아이들이었다. 함께한 지 한 시간도 채 되지 않았지만 떠나는 나를 따뜻하게 안아주던 아이들, 동그란 눈을 크게 뜨고 내게 안겼던 젖먹이 아이의 따스하고 부드러운 살결을 잊을 수 없다.

이 아름다운 아이들에게 먹고사는 것, 그리고 물을 길으러 가 목욕을 하는 것 (이것은 하루 중 그들에게 있어 가장 즐거운 놀이다), 그리고 아이를 낳는 것 외에도 삶은 아름다운 것 투성이며, 전통을 이어가면서도 동시에 보다 나은 삶의 어떤 다른 가능성과 장을 열어주고 싶다는 간절한 바람이 생겼다. 그리고 그것은 나의 의무가 되었다.

돌아오자마자 현대백화점 본점과 코엑스점에 입점해 있는 스페이스 눌을 통해 모칠라를 소개했다. 며칠 지나지 않아, 코엑스점 스페이스 눌의 스토어 매니저가 어떤 외국인이 눈물을 흘릴 정도로 감동하며 모칠라가 비치된 매장 사진을 찍어 가며, 이 모칠라들이 대체 어디에서 온 것인지를 물었다는 것이다. 그는 와유족이 만든 모칠라는 100미터 밖에서도 알아볼 수 있는데, 1층에서 어떤 사람이 모칠라를 들고 가는 것을 보고 믿을 수 없어 달려가 물었고, 단숨에 이 매장까지 뛰어올라 왔다고 흥분하며 말했다. 스페이스 눌의 모칠라는 중간 도매상을 거쳐 구매한 것이 아니라, 바이어이자 오너인 내가 직접 리오아차까지 날아가서 사온 것이라 설명하자, 그는 콜롬비아인인 자신도 가본 적 없는 오지 리오아차와 과히라를 직접 갔다는 용감한 여인을 꼭 만나고 싶다며 명함을 남겼다. 그는 주한 콜롬비아 대사관에서 상무관으로 일하는 세르히오라는 사람이었다. 명함을 전달받은 나는 다음 날 바로 연락을 했고, 우리는 두 시간 동안 미팅을 했다. 나는 그 자리에서 와유사람과 모칠라에 대해 힘이 닿는 한 많은 것을 하고 싶다는 진지한 바람을 전했다.

보는 것만으로도 눈을 즐겁게 하는 블링블링한 컬러들의 크고 작은 모칠라.

잠실 월드타워 에비뉴엘에 팝업으로 진행되는 우리나라 유일의 모칠라 전문 스토어.

그리고 다음 날, 주한 콜롬비아 대사인 티토 사울 피니아로부터 미팅 제안이 왔다. 나는 티토 대사를 만나는 자리에서 모칠라가 한 시즌의 '핫' 패션 아이템으로 끝나 잊히길 바라지 않으며, 아는 만큼 보이고 사랑하게 되니 모칠라에 대한 공부를 해서 그들의 아름다운 정신과 풍부한(고귀한) 전통을 더 널리 알리는 계기를 만들고 싶다고 전했다.

이제는 좋은 친구가 된 티토 대사는 내 이야기를 다 듣고, 상무관 세르히오와 일등 서기관 안드레스를 불러 나의 《모칠라 스토리》 프로젝트를 위해 전폭적인 지지를 아끼지 말라고 당부했다. 그리고 그 자리에서 7월 19일 롯데호텔에서 열릴 콜롬비아 최대 명절이자 에스파냐로부터의 독립을 기념하는 'National Day'를 축하하는 파티에 나를 초대했다. 파티 장소에 도착한 나를 티토 대사는 그 어떤 귀빈보다 열렬한 환대로 맞아주었다. 파티에 초청된 화려한 살사 댄서들의 현란한 춤을 보며, 나는 와유 아이들의 반짝이는 눈과 건강한 육체, 그리고 모칠라의 강한 색상을 떠올렸다. 얼마 전만 해도 멀고도 먼 나라였던 콜롬비아가 한껏 더 가깝게 느껴졌다.

돌아보면, 콜롬비아는 우리가 6.25 전쟁을 겪을 때 남아메리카 대륙 전체 국가 중 우리나라에 파병을 한 유일한 나라다. 그래서 카르타헤나Cartagena라는 슬픈 역사를 지닌 아름다운 콜롬비아 도시의 한 건물 앞에는 우리나라 국가보훈처에서 선물한 거북선 동상이 있다. 일부러 보러 간 것도 아닌데, 그저 다른 곳으로 가던 도중에 콜롬비아에서 거북선을 보게 되다니…… 모칠라와 나의 관계는 이런 작은 사건들, 전혀 연관 없어 보이는 우연들이 모여 인연이 되고, 또 그 인연이 운명이 됨을 느끼게 되는 일련의 과정이었다. 이제 모칠라의 장인들인 와유사람들은 내게 지구 반대편에 있는 친구이고, 이《모칠라 스토리》프로젝트는 내가 그들을 위해 보여줄 수 있는 작은 우정의 표시다. 이 책의 인세가 와유의 물이 되고, 일용할 음식이 되고, 또 미래를 위한 교육이 되었으면 좋겠다는 것이 나의 간절한 바람이다.

서점에는 온갖 나라의 여행서가 즐비하다. 하지만 남미 지역은 '라틴아메리카'라는 책 한 권으로 묶여 있다. 슬프게도 그 한 권의 책조차 콜롬비아에 대한 소개는 단 한 줄도 담고 있지 않다. 그 만큼 콜롬비아는 우리에게 멀고 낯선 나라다.

이 책을 통해 모칠라라는 하나의 아이템이 지구 반대편, 아직 우리와 심리적·

물리적으로 그다지 가깝지 않은 땅, 체 게바라 정도의 이름만 어렴풋이 떠오르는 대륙인 남아메리카, 그리고 그 안의 콜롬비아, 그리고 또 그 안의 과히라 사막, 과히라에 사는 와유사람과 그들의 수백 년 전통에 대한 관심을 우리 안에서 이끌어냈으면 한다. 또 이 작고 아름다운 와유의 작품이 그저 하나의 패션 아이템에 그치지 않고 지구 저편에 있는 선하고 커다란 눈을 가진 와유사람과 우리를 하나로 묶는 기회가 되기를 바란다.

그리고 모칠라는 세계 시민으로서의 동참, 더 나아가 세계화와 문명화 속에 스러져가는 중요한 인류의 정신자산인 와유의 전통을 지키는 데 일조한다는 현명한 소비라는 자부심까지 부여해줄 것이다.

남미 국가 중 유일하게 6.25전쟁 참전국인 콜롬비아에
2008년 한국 국가보훈처가 감사의 의미로 기증한 거북선 모형.
Parque de La Marina에 전시되어 있다.

THE MOCHILA ———————————————————

1장

모칠라, 세상으로 나오다

남아메리카, 과히라 반도 사막에 사는 원주민 와유와 시에나 밀러, 패리스 힐튼이 한 문장 안에 언급된다는 것은 아마도 검은 백조만큼이나 모순되고 이상한 조합처럼 들릴 것이다. 와유여인들이 만들어내는 모칠라가 할리우드의 내로라하는 여배우들의 어깨 위에 얹혀 전 세계 패셔니스타들이 원하는 '핫' 아이템이 된 경위가 궁금하다.

와유여인과 시에나 밀러가
한 문장에서 만나다.
검은 백조만큼이나 모순되고
이상한 조합.

Riohacha
Peninsula de La Guajira
Colombia
Santa Fe de
Bogotá

콜롬비아와 리오아차, 그리고 과히라.

모칠라는 콜롬비아에 사는 12부족의 원주민 중 아르후아코족과 와유여인들만이 손뜨개로 만드는 제품으로, 한 사람이 작은 코바늘 같은 것으로 가방 하나를 만드는 데 2~4주가 소요된다. 아르후아코족의 모칠라는 톤 다운된 아이보리, 밤색 등이 주를 이루며, 모양도 와유의 모칠라와는 다르다. 와유의 모칠라는 색의 조합에 있어서도 넘치는 열정과 생명력을 주체하지 못하듯 화려하다. 모칠라가 한 면을 다 채우며 죽 진열되어 있는 장식장을 보면, 과연 디오니소스적인 축제의 장이 연상된다. 떠나갈 듯이 화려한 삶으로 가득한 듯 생생하다.

천연실과 천연색만을 쓰는
아르후아코족의 모칠라.
그 모양과 색이 와유사람의
모칠라보다는 한껏 톤 다운
되어 있다. 이들의 문양 역시
여러 상징적인 의미를 갖고
있다. 커다란 차이는
아르후아코족의 모칠라는
주로 남성용이라는 사실이다.

화려한 색채의 다양한 패턴,
그리고 원통형의 입체적인
와유족의 모칠라.

와유사람들은 문명의 이기와 담을 쌓고, 고유의 전통을 꿋꿋하게 지키며 살아간다. 콜롬비아에 살지만, 콜롬비아 법 대신 자신들의 고유법을 따른다. 이들은 콜롬비아와 베네수엘라에 걸쳐 있는 과히라 사막 전체에 두루 퍼져 살고 있다. 전 세계가 하나의 국가처럼 되어가는 세계화와 현대화, 도시화에도 불구하고 자신들의 문명을 꿋꿋이 지켜내는 이들의 뚝심은 콜롬비아 전역을 정복하고 수백 년간 식민지화했던 에스파냐가 와유만은 단 한 번도 정복한 적이 없다는 역사적 사실만으로도 생생하게 증명된다. 대단한 정신력이다. 그리고 문화와 전통에 대한 자부심은 더 대단하다. 현대화와 도시화는 정말 많은 편리함과 안락함을 제공한다. 그래서 옛것은 잘 잊히고, 새로운 문명이 그 자리를 대신하는 경우가 오히려 인지상정이다. 이것이 세계화, 현대화와 함께 전 세계 어디를 가도 비슷함을 느끼는 까닭이다.

• 해먹 위에서 뜨개에 쓸 실을 고르는 와유어인. (사진 제공 Mirja Wark)
•• 팜팜으로 장식한 당나귀.
••• 와유 컬처 페스티벌 기간에 행해진 와유 전통 춤.
•••• 손뜨개 해먹 위에 누워서 쉬는 와우청년.

네모난 전통 복장인 긴 원피스에
손으로 엮어 만든 전통 모자를 쓴 와유여인들과,
남성 전통 의상을 구성하는 시라(남자 벨트),
로인 클로드(앞에 흰 수건 같은 것)와
작은 모칠라로 치장한 와유 젊은이.

하지만 와유에는 전기도, 수도도, 유리 창문도 없다. 살짝은 슬프지만, 정규교육도 거부한다. 덕분에 그들은 아직도 자신들의 전통법을 따르고 있고, 자신들의 고유어인 와유니키를 잃지 않고 있으며, 무엇보다 수백 년을 전해져 내려온 손뜨개 솜씨를 가지고 있다. 그리고 수백 년에 걸쳐 쌓인 패턴과 손뜨개 솜씨로 지구 반대편의 우리에게도 이 작품을 소유할 수 있게 해준다. 새로운 것을 위해 많은 옛것들을 허물어내고 폐기처분했던 우리의 근현대사를 반성하게 한다.

이토록이나 철저하게

바깥의 문명화된 세계와 담을 쌓고 사는

와유사람들이 만든 모칠라가

어떻게

문명의 피크이자 상징이라고 할 수 있는

할리우드에 입성하게 되었을까.

2~3년 전 과히라 사막뿐 아니라 콜롬비아 전체에 극심한 가뭄이 들었다. 가축을 키우고, 물도 가까운 호수 등지에서 길어다 먹는 와유사람들에게 엄청나게 고통스런 시기였다. 오래 지속된 가뭄으로 가축들은 목말라 죽어갔고, 와유사람들도 부족 전체의 존폐를 논해야 할 위기에 처했다. 그래서 모계사회인 와유족을 대표하는 여인이 외부세계에 도움을 청한다. 가축을 기르는 것 외에 거의 유일한 수입원인 모칠라가 이렇게 해서 세상에 알려지게 된다.

모계사회인 와유족을 대표하는 여인이 외부세계에 도움을 청한다

할 리 우 드 가   열 광 하 다

어려움에 처한 와유사람들의 요청에 응답하고자 하는 마음이 계기가 되기는 했겠지만, 모칠라 자체의 패턴과 색 조합의 아름다움이 바로, 모칠라가 전 세계 유명 편집샵 및 할리우드에 입성하게 된 직접적인 이유일 것이다. 와유의 유일한 수입원이자 토산품인 모칠라 자체가 갖은 너무도 아름다운 색깔, 솜사탕처럼 가벼운 무게, 더러워지면 물로 빨고, 몇 번을 빨아도 모양과 색이 그대로인 실용성, 거기에 때마침 분 '에스닉 모드'에 '시크함'이 더해진 감성 등이 할리우드 셀러브리티의 마음을 단박에 사로잡았다. 그래서 할리우드에서는 2~3년전부터 패셔니스타라는 타이틀을 가진 거의 모든 셀러브리티가 인스타그램에 모칠라를 든 자신의 모습을 올리고, 파파라치의 사진 속에 포착되거나, 《엘르》나 《보그》 등 고급 패션 매거진을 장식하게 되었다. 패리스 힐튼, 케이티 페리, 바네사 허친스, 시에나 밀러 등 '모칠라 러버'가 아닌 셀러브리티는 찾아볼 수가 없을 정도다.

PRINCESS BEATRICE
SUNNY BUSINESS IN ST BARTS

If Princess Beatrice's new year's resolution was to chill out and enjoy some quality time with her man, then she got things off to a great start. The 26-year-old royal was in 2015 with boyfriend Dave Clark and friends on a yacht moored off the coast of St Barts.

The pair, who have been together for seven years, were later seen strolling along the seafront (left), with Beatrice looking hipshape in a white shift dress, hat and colourful bag (right). They are no strangers to the exclusive Caribbean island, which is known to be an A-list favourite. They spent last New Year's Eve there, saying goodbye to 2013 on multi-

할리우드 스타들과 모칠라.

2016년 올해에는 모칠라가 한국의 셀러브리티 사이에서도 '핫'해져, 스타들의

인스타그램을 화려하게 장식했다. 김나영, 김슬기, 박신혜, 변정수, 오연서,

채정안 등 오히려 모칠라를 들지 않은 셀러브리티를 열거하는 게 더 쉬울 정도

다. 이제 모칠라는 패셔니스타들 사이에서 이번 여름 꼭 가져야 할 '잇'백으로

자리 잡게 되었다. 우리나라 얼리어답터 패션의 중심지라 할 수 이는 갤러리백

화점아 근처를 지나면, 모칠라를 어깨에 멘 수많은 사람을 만나게 된다. 그리

고 내가 든 것과 똑같은 모칠라는 세상에 존재하지 않기에, 'my only item'을

원하는 사람이라면 더더욱 눈여겨보아야 할 패션 아이템이 되었다.

하나의 모칠라에는 전통과 개성이
씨줄과 날줄로 아로새겨진다

모계사회에 속한 와유사람들에게 모칠라는 그저 예쁘기만 한 하나의 수공예품이 아니다. 그 안에는 수백 년을 이어온 공동의 기술과 역사, 여인들의 한숨과 기쁨, 전통이 살아 숨 쉰다. 뜨개질을 하지 않는 여성은 여자가 아니라고 할 정도로, 뜨개질은 와유여인들의 삶과 정체성의 주요한 부분을 차지한다. 뜨개질을 통해 그들은 선택(패턴과 실의 색깔 및 가방의 크기), 인내심(2~3주를 꼬박 떠야 하나를 만들어낼 정도로 엄청난 인내심이 요구되는 작업), 창의성(자신만의 패턴과 색의 배합을 만들어냄), 응용력(외할머니, 어머니, 이모를 통해 배운 방법을 응용해 자신만의 개성을 드러내기), 절제, 정체성(뜨개질하는 사람의 정체성의 일부를 형성), 수학 그리고 계획력 등을 배운다.

모칠라 뜨기.
창의성, 응용력, 인내심, 절제, 정체성,
수학, 계획력, 전통의 총합!

외할머니, 어머니, 이모에게 배운 모칠라의 패턴들은 책이나 글로 문서화되지 않았다. 다만 말로, 뜨개의 행위로 그렇게 집안 여인들에게만 전해진다. 그래서 모칠라 하나는 그 안에 비밀스럽고도 신비한 몇 세대의 지혜와 삶이 녹아 있다. 원래 자신의 남편, 아들, 딸을 위해 짜던 것이니 만치, 한 땀 한 땀에 그만큼의 사랑도 녹아 있다. 또한 와유의 신화와 상징, 그리고 역사적 사실뿐 아니라, 순결, 순종, 충성 등의 문화적인 가치와 뜨개질을 하는 개인의 감정, 욕망, 꿈, 사상 등이 다 아로새겨져 있다.

신비롭다. 수백 년간이나 세상에 있었지만, 이제야 우리에게 알려진 모칠라. 좀 철없고 모진 말이기는 하나, 2~3년 전 과히라 사막을 강타했던 가뭄에 감사패라도 주고 싶은 심정이다. 그 일이 아니었다면, 이토록 아름다운 아이들이 세상에 있다는 것을 영영 알지 못할 뻔했으니 말이다.

와유사람들이 어떻게 이 아름다운 모칠라를 만들게 되었는지 그 기원 신화가 흥미롭고도 짠하다.

THE MOCHILA ————————————————————————

2장

아름다운 거미소녀
왈레케루Waleker의 전설

Wokoloonat

거미는 아름답다. 새벽녘 이슬이 내려앉아 반짝이는 커다란 거미줄 위에 늠름히 서 있는 거미는 그 존재감이 가히 신화적이다. 날씬하고 균형 잡힌 여덟 개의 다리와 몸이 주는 구조주의적 아름다움. 마치 색에 조예가 깊은 훌륭한 예술가가 고심해서 그려놓은 듯한 패턴이 좋다. 자신의 몸에서 나온 실로 만들어내는 거미줄의 견고함과 촘촘함 그리고 자신의 몸의 몇 만 배에 달할 그 크기를 하룻밤 만에 만들어내는 것을 볼 때마다 경이로움을 느낀다. 또한 그들의 존재와 관련한 아름다운 아라크네의 신화가 내 코끝을 찡하게 한다. 모든 아름다운 것에는 슬픔이 함께한다. 이상하다. 하지만 사실이다.

2016년, 우연히 만난 모칠라와 와유족의 전설에도 거미와 관련된 아름답고 슬픈 사랑 이야기가 나온다. 와유족에게 이토록이나 아름다운 손뜨개 기술을 가르쳐준 거미소녀 워킬루낫 Wokoloonat의 전설이 그것이다.

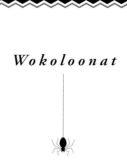

Wokoloonat

옛날, 과히라 사막에 잘 생기고 마음씨 착한 와유족 청년 이루누Irunuu가 살고 있었답니다. 어느 날 사냥을 나갔다 돌아오던 길에, 이루누는 한 절름발이 소녀 워컬루낫을 만났습니다. 소녀 워컬루낫은 다리만 저는 것이 아니라 얼굴도 못생기고 더러웠지만, 동정심 많은 사냥꾼 이루누는 소녀를 집으로 데려가 세 명의 누이에게 잘 돌봐주라고 말했습니다. 이루누의 세 명의 누이들은 오라비와는 달리 게으르고 성질도 고약했습니다. 오라비 앞에서는 어쩔 수 없이 소녀를 받아들이는 척했지만, 오라비가 떠나기 무섭게 불쌍한 워컬루낫을 괴롭힐 궁리만 해댔습니다. 몸이 불편한 워컬루낫은 이루누가 집에 돌아와 있을 때에만 몸과 마음이 편안했습니다. 그가 있는 동안은 세 누이가 소녀를 괴롭히지 못했기 때문입니다. 그리고 이루누는 사냥을 나갔다 돌아올 때마다 언제나 소녀에게 작은 선물을 가져다주었습니다. 이루누가 소녀를 아끼고 생각하고 있다는 증표인 이 작은 선물들

Wokoloonat

이 그가 없는 동안 세 누이로 인해 받은 몸과 마음의 고통을 말끔히 씻어주었습니다.

장애에 추한 몰골을 한 작은 소녀 워컬루낫에게는 비밀이 하나 있었습니다. 모두가 깊이 잠든 밤이면, 눈이 부실만큼 아름다운 소녀로 변한다는 사실이었습니다. 뿐만 아니라, 입에서 온갖 종류의 아름다운 색의 실들을 뽑아냈고, 그 실들로 이 세상 것이 아닌 것 같은 너무도 훌륭한 직물들을 짜낸다는 것이었지요. 모두가 깊이 잠들어 있었으므로 누구 하나 워컬루낫이 아름다운 소녀로 변하는 것도, 이런 아름다운 직물들을 짜거나 직조해내는 것도 보지 못했습니다. 이렇게 매일매일 누가 보냈는지는 알지 못하지만, 너무도 아름다운 선물들이 이루누를 기다리고 있었습니다. 대체 누가 이렇게 아름다운 직물을 짜낼 수 있는지 모두가 궁금해했습니다. 하지만 사악한 세 명의 누이는 자기들이 짠 것이라고 주장했고, 그렇게 소문을 냈습니다. 손뜨개 솜씨가

Wokoloonat

좋으면 좋을수록 훌륭한 신붓감이 되는 것이니까요. 하지만 이루누는 자기 누이들이 얼마나 게으른지 잘 알기 때문에, 단 한 순간도 누이들이 하는 말을 믿지 않았습니다.

어느 날 밤, 이루누가 사냥을 하러 떠났을 때, 세 누이는 대체 누가 이런 아름다운 직물들을 짜는지 알아내자고 작당하고, 밤이 되자 깊은 잠에 든 체하고 있었습니다. 하지만 그들이 누워 있는 해먹은(와유족은 방에 해먹을 걸어놓고 잠을 잡니다. 해먹이 그들의 침대인 셈입니다.) 워컬루낫이 짠 마법의 해먹이었기 때문에, 세 누이는 깨어 있지 못하고 깊이 잠들어 버렸습니다. 그래서 결국 미스터리 위버의 정체를 밝혀내지 못하고 만 것입니다. 그날 밤, 아름다운 소녀로 변한 워컬루낫은 사랑하는 이루누를 위해 잠시도 쉬지 않고 손뜨개를 해서 벨트인 시라, 허리에 간단히 걸치는 로인 클로드, 가방과 부적을 보관하는 작은 지갑 등을 만들어냈고, 이 모든 것을 그를 위해 준비해두었습니다. 세 누이는 이 아

Wokoloonat

름다운 물건들을 보고 감탄해 마지않으면서도, 오라비에게는 또다시 자기들이 만들었다고 우겼습니다. 하지만 이루누는 게으른 누이 셋이 그토록 짧은 시간 동안 이렇게 아름답고 복잡한 패턴의 물건들을 짜는 기술을 배웠다는 것 자체를 믿을 수가 없었습니다. 그래서 이번에는 자기가 직접 이 비밀의 답을 찾아보겠다고 결심했습니다.

그는 불행한 장애 소녀 워컬루낫이 자는 곳에 불이 켜진 것을 보고 살금살금 다가갑니다. 그런데 거기에는 못생긴 워컬루낫 대신, 너무도 아름다운 소녀가 입에서 아름다운 색색의 실을 뽑아내고 있었습니다. 그리고 그 실로 천상의 직물을 짜내는 게 아니겠습니까! 이루누는 깜짝 놀랐고, 바로 이때 아름다운 소녀는 자신의 비밀이 발각됐다는 것을 깨달았습니다. 어쩔 수 없이 소녀는 이루누에게 자신의 비밀을 다 털어놓았습니다. 자신의 진짜 이름은 왈레케루Waleker이고, 자신은 밤과 고독의 자식이며,

Wokoloonat

이곳에 온 이유는 무지한 자들에게 직조와 손뜨개 기술을 가르치기 위해서라고 밝혔습니다. 한눈에 소녀를 사랑하게 된 이루누는 소녀를 안으려 팔을 뻗었고, 다시는 그 못생기고 장애가 있는 워커루낫으로 돌아가지 말라고 간청하지만, 소녀는 그를 피하며 자신의 비밀을 그 어느 누구에게도 발설하지 말아달라고 신신당부합니다.

다음 날 이루누는 마을의 중요한 모임에 참석하게 됩니다. 그때 그는 왈레케루가 선물해준 여러 가지 물건들로 치장을 하고 갑니다. 범상치 않은 솜씨로 만든 엄청나게 정교하고 아름다운 물건들에 모든 마을 사람들이 입에 침이 마르도록 칭찬을 합니다. 그러면서 대체 누가 이것들을 짰느냐며 꼬치꼬치 묻기 시작합니다. 이들은 그의 진정한 친구가 아니라 악의 정령 와누루Wanuluu가 보낸 시기하는 사람들이었습니다. 하지만 청년 이루누는 그들의 칭찬에 눈이 멀어, 그만 왈레케루의 비밀을 다 털어놓고 말

Wokoloonat

앉습니다. 악의 정령 와누루는 이것을 다 들은 후, 소녀를 찾아 나섭니다.

집에 돌아온 이루누가 왈레케루를 보기 위해 깨어 있었습니다. 그날도 역시 추한 워컬루낫은 또다시 아름다운 위버weaver로 변했고, 오랫동안 계속해서 손뜨개만 했습니다. 그러더니 젊은 사냥꾼 이루누를 매우 슬픈 눈으로 바라보았습니다. 잠시 후, 아름다운 왈레케루가 입을 열었습니다. 왜 자기의 비밀을 지켜주지 않았냐며 슬픔 어린 눈으로 책망합니다. 새벽이 다가오자, 이루누는 왈레케루에게 자신의 사랑을 고백합니다. 왈레케루는 눈물을 뚝뚝 흘리며 밖으로 뛰쳐나가고, 그 뒤를 청년 이누루가 쫓아갑니다. 소녀는 재빨리 나무로 기어 올라가 가지에다 목을 매지만, 가지는 곧 커다란 소리를 내며 부러졌습니다. 이루누는 떨어지는 소녀의 옷을 꽉 잡았지만, 그의 손에 남겨진 것은 거미집의 일부였습니다. 아름다운 소녀 왈레케루는 거미로 변해 야생의

Wokoloonat

자연으로 영원히 사라져버렸습니다.

왈레케루는 사라졌지만, 소녀가 만든 아름다운 직물들은 남아 와유여인들의 영감이 되고, 좋은 예시가 되어 현재까지도 와유 여인들은 전 세계 어디서도 찾아보기 힘든 아름다운 직물들을 많이 만들어내고 있다. 그리고 와유사람들이 만드는 모든 직물 을 수놓는 아름다운 패턴들을 카나Kanas라고 부르는데, 그것은 와유의 언어로 거미라는 뜻이다. 지금도 아름다운 소녀 왈레케 루의 제자들인 와유여인들이 모칠라나 시라, 또 해먹 같은 아름 다운 직물들을 계속해서 짜내고 있다. 왈레케루는 떠났지만, 왈 레케루가 남기려 했던 직조기술은 와유여인들에 의해 오늘도 이 어지고 있어 이토록 아름다운 손뜨개를 지구 반대편에 있는 우 리가 누릴 수 있게 된 것이다.

THE MOCHILA —————————————————————————

3장

좋은 모칠라 고르기

모칠라는 100퍼센트 수작업으로 만들고, 자유로운 개인 한 사람 한 사람이 뜨는 것이라, 이 세상에 똑같은 모칠라는 존재할 수가 없다. 설사 우리가 샘플을 주고 똑같은 것 20개를 만들어 달라고 해도, 문명세계의 시간, 규칙, 틀에 맞추어지지 않은 이들의 자유로운 영혼은 그 안의 꼭 들어가야 한다고 생각하는 색, 형태 등의 요소만을 제외하고 자신의 개성대로 뜬다.

룰루무야 패턴으로 뜬
모칠라를 든 시에나 밀러.

할리우드 스타 시에나 밀러가 들었던 핑크 팜팜이 달린 모칠라에 대한 고객들의 요구가 너무 높아서, 20개를 먼저 주문을 넣어보았던 적이 있다. 하지만 우리가 전달했던 샘플과 그들이 보내온 모칠라는 하나도 똑같은 것이 없었다.

샘플로 준 모칠라 사진.

조금씩 다 다르게 온
룰루무야 패턴의
시에나 밀러 모칠라.

때로는 핑크를 오더했는데, 파란색이나 노란색이 오기도 한다. 이유인 즉, 집에 가보니 핑크색 실이 없고, 파란색과 노란색 실만 있더라는 것. 처음에는 웃어야 할지 울어야 할지 알 수 없었다.

공장에서 똑같이 찍혀 나오지 않으면, 그래서 조금이라도 다르면 불량이고 무언가 잘못된 것이라 여기고 문제 해결을 위해 분주했을 내가, 오히려 20개 중 하나도 똑같은 것이 없는 그 가방들을 보며 그들의 자유로운 정신과 엄청난 양의 융통성에 미소가 지어졌다. 이상하게 마음이 따뜻해지며 여유로워졌다. 그리고 그 하나 하나가 다 나름의 개성적인 아름다움을 지니고 있음에, 그 어느 것도 똑같지 않음에, 이것을 짜낸 여인들에게 감사하는 마음이 새록새록 생겨났다.

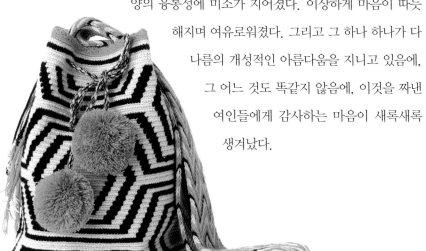

파랑, 빨강, 노랑, 보라,
검정으로 제작된
시에나 밀러의 모칠라.
어떤 틀에도 얽매이지 않는
얼마나 자유로운
영혼이란 말인가!

모칠라는 크게

스트랩strap과

바디body,

바닥base,

드로스트링drawstring

이렇게 네 부분으로 나뉜다.

그러나 모칠라를 살 때 잘 살펴봐야 할 부분에는

세 가지가 더 있다.

스트랩과 바디가 만나는 정션jungtion 부분과,

바디가 마무리되는 가방의 제일 윗부분인

에지edge, 그리고 태슬tassels이다.

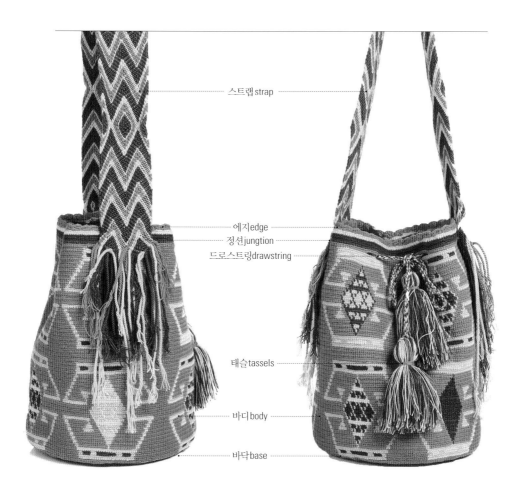

스트랩 strap

에지 edge
정선 jungtion
드로스트링 drawstring

태슬 tassels

바디 body

바닥 base

싱글 thread 와 더블 thread

모칠라는 크게 '싱글 thread'(실 한 가닥)와 '더블 thread'(실 두 가닥) 두 가지로 나뉜다. 이를 단순화해서 싱글, 또는 더블이라고 부른다. 국내에 수입된 모칠라의 95퍼센트는 '더블 thread'라고 보면 된다. 싱글은 더블보다 짜는 데 2~3배 이상의 기간이 걸리고, 더블보다 훨씬 더 숙련된 고도의 기술이 요구되는 정교한 패턴을 갖는다. 따라서 가격도 더블의 배 이상이다.

싱글과 더블을 구별하는 가장 단순한 방법은 첫째가 가격이고, 둘째는 스트랩이다. 싱글 스트랩은 매우 얇고, 더블에 비해 살짝 심심하다. 그리고 더블의 스트랩 끝에 달린 프린지 부분이 없고, 스트랩 끝 부분이 가방의 에지 부분에 정교한 스티치로 마감되어 달려 있다. 셋째는 매우 정교한 패턴이다. 더블의 바닥이 원이나 삼각형 등의 단순한 무늬로 되어 있다면, 싱글은 그 바닥까지도 매우 정교하다. 그리고 뒤에서 살펴볼 전통적으로 내려오는 여러 가지 상징적인 문양도 대부분 그 형태 그대로 싱글에서 많이 발견된다. 싱글만을 고집하는 와유 위버들도 있는데, 그들의 자신감과 자부심은 과히 하늘을 찌른다. 전통을 고수하는 진정한 예술가이자 장인이다. 콜롬비아인들에게 싱글을 들고 다닌다는 것은 부의 상징이라고 한다. 그만큼 귀하고 뜨개가 정교하며 아름답다.

싱글 thread

싱글 thread의 스트랩 패턴은
줄무늬로 비교적 단순하고
2차원이라 평평하다.

더블 thread

더블 thread의 스트랩 패턴은
복잡하고 3차원적으로
올록볼록하다.

싱글 thread의 정교하고 아름다운 바닥 사진.

더블 thread의 심플한 바닥 사진.

모노 컬 러 와 멀 티 컬 러

바디에 사용된 컬러가 한 가지 색인지 여러 가지 색인지에 따라 모노 또는 멀티라고 불린다. 모노컬러보다는 멀티컬러가 가격이 높고, 패턴은 단순한 것보다 복잡한 것이 더 고가에 팔린다. 멀티컬러가 모노컬러에 비해 짜는 데 훨씬 더 오랜 시간이 걸리고, 상당한 숙련도를 필요로 하기 때문이다. 그래서 모칠라를 뜨는 초보자들은 보통 모노컬러부터 시작하고, 모노컬러에 숙달이 되면 간단한 문양부터 시작해서 점점 더 고난이도의 패턴으로 나아간다. 때문에 당연히 모노보다는 멀티가 조금 더 비싸다.

화려한 모노컬러의 모칠라.
흰 셔츠와 청바지라도
이런 톡톡 튀는 컬러의
모칠라 하나라면
충분한 패션 스테이트먼트!

원색적이고 밝아
톡톡 튀는 패션 아이템인
모노컬러 모칠라들.
이런 밝은 색은
여름에 인기가 높다.

모노컬러의 경우에는 스트랩과 드로스트링에 사용된 컬러가 같다. 스트랩과 가방이 만나는 정선 부분이 단단하게 마무리되었는지 살펴보자. 만약 살짝 마무리가 엉성하다고 해도 뭐 그리 크게 걱정할 필요는 없다. 그냥 집에서 맞는 색깔의 실을 찾아 다시 한 번 단단하게 잘 꿰매주면 된다.

톤 다운된 무채색의
모노컬러 모칠라들.
겨울코트 위에도 이쁘고,
튀는 것을 별로 좋아하지 않는
보수적인 성향의 고객들이
즐겨 찾는다. 같은 색이라도
스트랩의 색상에 따라
전혀 다른 분위기를
연출하는 모칠라.

사이즈 • mini 15×11   • small 20×161   • large 28×23

• extra large 32×25cm (주로 백팩과 더블 숄더 스트랩을 가진 형태로

많이 만들어짐.)

수작업이고, 크기가 클수록 시간이 많이 소요되기 때문에, 당연히 미니보다
는 스몰이, 스몰보다는 라지가 비싸다. 미니나 스몰 사이즈는 아이들이 매기
에도 딱 좋아서 엄마의 라지 사이즈와 같은 패턴, 같은 색깔로 들면, 너무 예쁜
'mom and daughter look'이 된다. 모칠라 스몰 사이즈는 원래 와유 남자들
이 지갑처럼 들고 다니던 것이라, 남자아이가 들어도 매우 귀엽다. 그리고 라
지 사이즈는 물건을 조금 넣으면 크기가 작아 보이고, 많이 넣으면 또 엄청난
양의 물건이 들어갈 정도로 커진다. 그래서 나는 2박 3일 정도의 짧은 여행이
나 출장 때는 모칠라를 들고 다닌다. 가벼우면서도 매우 패셔너블하다. 그리
고 모칠라 라지의 모노톤이나 그레이, 검정, 밤색 등 톤 다운된 겨울 컬러들은
남자들이 들기에도 매우 좋다. 커플룩으로 이토록 세련된 것은 없을 듯!

스몰과 라지의 크기 차.

다양한 사이즈와 컬러의 멀티 모칠라들.

Mochila Lovers.

Mochila Lovers.

에지

가방의 마무리 부분인 끝맺음이 정션 부분에 잘 감추어져 있는지를 봐야 한다. 수작업이라 어딘가에서 마무리가 되어야 하는데, 더블인 경우에 실이 살짝 두껍기 때문에 마무리 부분에서 티가 날 수밖에 없다. 하지만 이 부분이 정션 부분의 안쪽으로 들어가서 스트랩의 끝부분인 프린지에 의해 가려지면 외견상 전혀 보이지 않게 되므로, 이 부분을 확인한다. 하지만 요즘 공장에서 찍혀 나오는 중국산 가짜 모칠라가 워낙 많아서, 이 가방이 수작업으로 제작됐다는 것을 드러내고 싶거나. 마음에 드는 색 조합과 패턴인데 마무리가 정션 안쪽으로 들어가지 않아 밖에서 보인다면, 어쩔 수 없이 마무리가 보여도 그 모칠라를 집에 데려갈 수밖에 없다. 그 패턴과 그 색의 조합은 세상에 그 모칠라 하나뿐이니 말이다. 작은 인연인 셈이다.

드로스트링 클로져와 태슬
그리고 팜팜

때로는 드로스트링이 들어가는 구멍의 숫자가 맞지 않아서, 드로스트링의 두 끝이 하나의 구멍에서 만나는 경우도 있다. 이것은 가방을 뜬 사람의 미숙함이나 구멍을 뚫을 때, 살짝 다른 생각을 했다는 것을 의미한다. 드로스트링의 끝은 가방 앞면의 각기 다른 두 개의 구멍에서 나와야 하고, 끈을 묶으면 가방 앞면의 중간에서 만나야 한다. 태슬은 풍성하면 풍성할수록 예쁘다. 그래서 나는 리오아차에 가서 와유사람에게 가방을 살 때도 마음에 드는 패턴을 다 골라놓고 나서, 가방의 태슬을 더 풍성하게 만들어달라고 한 다음 일부러 기다려 가져왔다. 그래서 내가 골라온 모칠라들은 대부분 매우 풍성하고도 숱 많은 태슬을 자랑한다.

빈약한 태슬은 가방의 전체 이미지를 빈약하게 만든다. 또 태슬 대신 팜팜이 달려 있는 것도 있는데, 태슬이 달린 것보다 가격이 살짝 더 높다.

다양한 크기와 색의 태슬들.

태슬이 달리고, 그 옆에 포인트 장식으로 팜팜이 달린 것
도 있으며, 팜팜 열쇠고리가 별도로 나
오기도 하니, 따로 사서 자신의 모
칠라에 달아도 된다.

좋은 모칠라를 고를 때 눈여겨봐야 할
요소들을 모두 살펴보았다. 하지만, 가장 좋은
모칠라는 내 눈에 예쁜 것이 최고라 할 수 있다. 싱글이든 더
블이든, 모노든 멀티든 내가 가진 옷과 잘 어울리고, 내가 편안하게 자주 들
수 있고, 또 내가 충분히 사랑을 줄 수 있는 모칠라라면, 그것이 내게는 세상
에서 가장 좋은 모칠라다. 세상에 하나뿐인 내 모칠라니까.

재미있고 예쁜 팜팜들.

THE MOCHILA ———————————————————

4장

─────────────────────────── 모칠라의 패턴과 그 의미

● 이 장은 Mirja Wark의 《Si'ira》와 Jorge Pocaterra의 《Wale'eru》를 참고하였다. 두 저자의 글 중 서로
상치하는 부분도 적지 않았지만, 그 부분은 보고타 출신의 모칠라 파트너이자 친구인 Camila가 와유
위버들에게 확인한 부분만을 실었다.

와유소녀의 교육, blanqueo

와유소년들에게 사춘기는 별로 중요한 의미를 지니지 못하지만, 와유소녀들에게 사춘기는 소녀에서 여인으로 성장하는 매우 큰 변화의 시기다. 사춘기에 접어든 소녀들은 그날로 란체리아 내에 있는 멀찍이 떨어진 한적한 건물에 들어가 햇빛을 보지 않는 채로 짧게는 수개월 길게는 3년까지도 머물며 외할머니와 이모로부터 좋은 아내, 좋은 여인이 되기 위한 모든 것을 배운다. 이 기간을 블랑케오blanqueo라고 부르는데, 기간이 길면 길수록, 더욱 많은 지식과 온갖 손뜨개 기술 및 복잡한 패턴을 배울 수 있다. 이토록 오랜 기간 동안 소녀를 집안일에서 떼어두고 교육(우리가 말하는 교육과는 전혀 다른 의미의)을 시킬 수 있다는 것 자체가 부유하고 좋은 집안임을 말해주는 잣대가 된다. 그리고 빼어난 뜨개 기술은 신부의 몸값을 한껏 높인다. 이런 신부를 맞이하기 위해서는 많은 지참금을 주어야 하므로, 남편 역시 부유한 집안의 출신 좋은 남자를 맞게 된다. 그리고 3년 동안 햇빛을 보지 않은 채 있으면 피부가 하얗게 되는데, 이 또한 매우 아름다운 자질로 여겨져 지참금을 올리는 결과를 가져온다. 즉 신부 집안의 재산을 늘리는 역할을 한다. 와유의 남성은 결혼을 하면 신부의 집안에 염소, 소, 당나귀 등을 지참금으로 주어야 한다. 또 페미니스트들이 들으면 자

소녀에서 여인으로의 이행을 앞두고 있는
와유 소녀들. 옷, 모자, 모칠라, 목걸이 등
모 두 자 신 의 손 으 로 만
든 것 으 로 성 장 하 고 있 다 .

축제에 맞추어 전통적 문양으로 단장한 소녀들.
(주한 콜롬비아 대사관 사진 제공)

다가도 벌떡 일어날 일이지만, 와유는 일부다처제다. 결혼을 하면 자신의 집으로 신부를 데려오는 대신, 신부의 집으로 가서 수년을 살게 된다. 다시 새로운 신부를 맞이하게 되면, 또 새 신부의 집으로 옮기는 식이다. 때문에 자연스레 외할머니, 어머니, 딸, 이모들이 하나의 란체리아를 구성하며 살게 된다. 그래서 집안의 전통, 와유사람으로서 전통의 대물림은 고스란히 여성들의 몫이고, 여러 가지 의미로 와유여성들은 정치를 제외한 의사결정에 있어 매우 큰 영향을 미친다. 독특하고 흥미로운 사람들이다.

같은 재료를 가지고 만들어도 사람의 손맛에 따라 음식 맛이 다르듯, 모칠라는 같은 패턴이라 하더라도 색의 배합과 패턴의 크기 또는 다른 패턴들과의 배합을 통해 개인의 창의성이 그대로 드러난다. 거미소녀 왈레케루의 전설에 따라, 와유여인들이 사용하는 모든 패턴들을 카나kanas라고 통칭한다. 카나는 와유어로 거미라는 뜻이다.

카나의 패턴 중 가장 중요하고 가장 많이 눈에 띄는 패턴과 그 의미를 알아보자. 무슨 의미인지 모르고 나의 모칠라를 들고 다니는 것보다, 내가 가진 모칠라가 어떤 의미를 가지고 있는지를 알고 들면 내 모칠라가 더 사랑스레, 그리고 자랑스레 느껴지지 않을까. 이해를 돕기 위해 이 패턴들이 실제 모칠라 뜨기에서 어떻게 응용되고, 변형되어 나타나는지 다양한 모칠라 사진을 비교해 열거한다.

카나의 패턴들은 거의 대부분 와유사람의 일상을 둘러싼 자연 속의 꽃, 나무, 열매, 동물이나 곤충 그리고 일상적인 삶 속에서 발견되는 물건들의 와유식 해석이자 재현이고, 이름 역시 일상적 삶의 물건들을 따서 지어졌다.

아름다운 거미소녀 왈레케루가 가르쳐 준 카나 패턴.

1
Jalianaya
(mother of Kanas)

가장 단순한 모티브로 다른 카나(와유 패턴)를 시작하기 전에 할 수 있는 초보자 단계의 패턴이다. 모래시계 모양이라고도 불리는데, 두 삼각형이 꼭짓점을 맞대고 서 있는 듯한 모양이 반복적으로 나타난다.

2
지그재그 라인

지그재그 라인 역시 매우 단순한 패턴 중 하나로 여겨지며, 이 패턴 하나만으로도
쓰이나 다른 패턴들과 함께 쓰이기도 한다. 너무 복잡한 것을 싫어하는 우리나라
고객들이 좋아하는 패턴 중 하나다.

3

Pulikeruuya

(당나귀의 생식기)

와유사람에게 당나귀는 재산 목록 1호라 할 수 있다. 장거리 여행 시의 유일한 이동 수단이고, 매일 매일의 리츄얼인 물을 길으러 갈 때도 당나귀는 충직한 짐꾼이다. 축제일 등에는 팜팜이나 온갖 뜨개 아이템으로 당나귀를 장식한다. 수컷 당나귀의 생식기 모양을 뜻하는 Pulikeruuya는 힘과 충직함, 신의, 귀함 등을 상징한다.

4

liwo'uyaa
(비의 도래를 알리는 별)

사막에 사는 와유사람들에게 비는 우리가 갖는 낭만적인 의미보다는 생과 삶이라는
보다 절박한 의미를 갖는다. 결국 극심한 가뭄으로 문명세계와의 접촉을 고집스레
거부하던 와유사람들의 이 아름다운 모칠라가 외부세계에 알려지게 되었다는 사실
만 보아도 그것이 얼마나 중요한지 알 수 있다. 메마른 땅에 곧 비가 올 것임을 알
리는 별은 삶과 희망의 천사다. 또, 그들에게 비는 앞서간 선조들의 좋은 기도의 결
과라고도 여겨진다.

때문에 이 문양 속에는 비가 오기를 바라는 와유사람들의 간절한 소망과 우주와 인
간의 유대, 선조와 현재의 유대를 바라는 마음이 깃들어 있다. 허리케인이나, 가뭄,
기근 등 지구상에서 일어나는 재난은 우리 인간이 세계와 우주와 지켜야 할 조화를
파괴한 데서 왔다고 믿는다. 매우 신비한 믿음이지만, 지구온난화나 대기오염, 무차
별적인 자연개발과 파괴가 가져오는 무서운 결과들을 볼 때, 그들의 믿음이 얼마나
올바른가 하는 생각을 해본다. liwo'uyaa는 삶, 희망, 바램 등을 상징한다고 볼 수
있다.

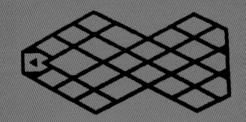

5
Rulumuya
(흰개미)

와유사람들이 사는 과히라 사막에서 흔히 볼 수 있는 곤충이다. 개미와 배짱이라는 이솝우화에서도 볼 수 있듯이, 개미는 성실함과 자신이 속한 그룹에 대한 충성을 나타낸다. 흰색은 순수함을 상징한다. 또 Rulumuya는 다른 버전의 왈레케루 전설에도 나오는데, 오래된 직조 제품이나 뜨개 제품이 뜯겨질 경우 어떻게 고치는지를 가르쳐준 신화적 존재다. 옛날에 한 와유여인이 뜨개를 뜨고 있었는데, Rulumuya(흰개미)들이 자꾸만 다가왔다. 여인은 자신의 뜨개를 보호하기 위해 물, 불, 재 등을 뜨개 옆에 가져다 놓았다. 그러던 어느 날 밤, 꿈속에 Rulumuya가 나타나 "너는 열심히 일하고 열심히 짜는구나. 내가 너에게 특별한 기술을 하나 가르쳐 주마"라고 말하고는 뜨개의 한 부분을 물어뜯었다. 와유여인이 저도 어찌 한지 모르는 새 얼른 그 부분을 고치자, Rulumuya가 다른 곳을 한 번 더 물어뜯으니, 와유여인이 또다시 고쳤다.

이렇게 Rulumuya는 손상된 뜨개를 고치는 법을 알려준 신화적 존재로 전해진다. 자연에 대한 참으로 관대하고 넓은 이해와 순종이 엿보인다. Rulumuya 패턴의 모칠라는 영화배우 시에나 밀러가 들어 전 세계적으로도 유명해졌고, 스페이스 놀에서도 가장 인기 있는 패턴이다. 쉬워 보이지만 이 패턴은 만들기가 아주 까다로워서 매우 숙련된 모칠라 위버가 아니면 예쁘게 나오기 쉽지 않다고 한다.

6
Pasatalo'ouya
(소의 내장)

소의 내장 모양을 본뜬 패턴. 당나귀와 함께 소 역시 와유사람들의 재산 목록 1호다. 신부를 데려가기 위해 신랑이 가져오는 지참금에도 빠져서는 안 되는 동물이다. 소에게 우유라는 일용할 양식을 얻고 또 집을 짓거나 결혼, 장례식 등을 치를 때는 소나 염소를 잡아 다 같이 나누어 먹는다. 일상에서 이러한 아름다움을 뽑아낼 수 있는 것을 볼 때, 와유사람들은 타고난 예술가다. 순종과 부, 축제(특별한 날 먹는 특식이므로) 등을 나타낸다.

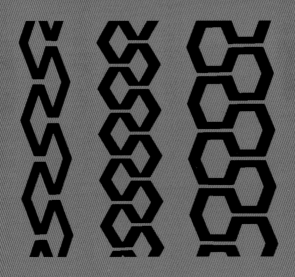

7
Ule'sia
(깨끗함, 순수)

매우 흔히 눈에 띄는 패턴으로, 육체적·정신적 순결함과 순수함을 중요시 하는
와유사람들의 문화적 가치가 녹아 있다. 순결, 순수를 상징한다.

8
Maruliunaya
(소에서 우유를 짤 때 들고 있는 또뚜모totumo 열매로 만든 주전자의 손잡이)

또뚜모 열매는 와유의 삶에서 빼놓을 수 없다. 열매를 그대로 먹지는 않지만, 그 안을 파내 과육 부분은 여러 가지 다른 성분을 섞어 발효시켜 음료로 마시거나, 약으로 쓴다. 그리고 과일의 딱딱한 외피 부분은 와유사람들의 주된 식기가 된다. 우유를 담거나 물을 저장하는 주전자, 또는 반으로 잘라 음식을 저장하는 식기를 만든다. 주변에 있는 그 어느 것 하나 버림이 없는, 정말이지 미니멀한 삶을 사는 와유사람들의 생활을 단적으로 보여주는 패턴이다. 개인적으로 매우 아름답고 독특하다고 생각하는 패턴 중 하나다.

9

Pa'ralouas

(하나가 다른 하나 위에 있는 모습)

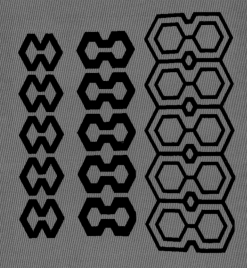

10
Kalepsu
(지붕 밑에 물건을 매달 때 쓰는 나무 후크)

지붕 밑에 물건을 매달 때 사용하는 나무 후크 모양을 형상화한 패턴.
매우 다양한 형태로 변형된 패턴이 있고, 가히 예술적이다.

11
Walenaya
(부엌에서 사용하는 주방기구)

주방기구의 모양을 형상화한 패턴.

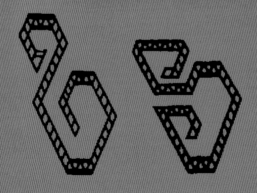

12
Janumuletkiiyaa
(파리의 머리)

파리의 모양을 형상화한 패턴. 이 문양을 보면, 와유사람들의 유머 감각마저 느끼게
된다. 자세히 보면 정말이지 파리의 얼굴 모양과 많이 닮아 있다. 그러면서도 아름
다운 패턴으로서 전혀 손색이 없다.

13

Siwottouya

(사막을 걸어가는 말이 남긴 발자국들)

매우 아기자기하고 귀여워, 저절로 미소를 짓게 만드는 패턴이다. 주로 싱글에서 발견되며, 사물을 보는 와유사람들의 아름답고 귀여운 시선이 느껴져 볼 때마다 미소가 지어진다.

14
evil spirit, good spirit, 그리고 사람

전 인류의 조화로운 공존, 하모니, 인류애
그리고 수호천사와 같은 좋은 영혼의 보호를 의미한다.

evil spirit

good spirit

사람

15

기하학적인 문양들과, 또 특별한 날을 기념하기 위해 만들어지는 모칠라들

전통적인 패턴을 따르지 않고, 자신의 개성을 그대로 살려 미적인 관점에서만 만들어지는 모칠라도 있고, 상업적인 관점에서 그저 아름답게만 만들어지는 것도 있고, 때로는 누군가를 기념하기 위해 스페셜 에디션이 만들어질 때도 있다. 그 좋은 예가 프리다 칼로 컬렉션이다. 2014년 4월 17일, 콜롬비아의 세르반테스라고 불리는 가브리엘 마르케스Gabriel Garcia Marquez가 사망했을 때 만들어진 스페셜 에디션이다. 저널리스트이자, 노벨 문학상을 탄 작가이며, 정치 운동가이기도 한 마르케스는 생애 대부분을 멕시코에서 보냈다. 그래서 그가 사망했을 때, 멕시코의 모칠라 팬들이 프리다 칼로 스페셜 에디션을 주문했다고 한다. '멕시코'와 '정치운동' 하면 떠오르는 예술가가 프리다 칼로와 그의 남편 디에고 리베라이니 말이다. 그렇다고 그 못생긴 리베라를 모칠라에 넣을 수는 없으니, 아름답고 화려한 프리다 칼로를 그려 넣은 것이리라.

프리다 칼로 컬렉션은 그녀의 얼굴이 가려지지 않게 하기 위해 테슬을 양쪽으로 넣었는데, 그것 역시 프리다 칼로 머리장식의 일부인 것처럼 보인다. 와유사람의 창의력과 융통성을 제대로 볼 수 있는 대목이다. 전통적 모칠라에 시대의 초상이 수놓인 것이다. 그 외에도 와유 내에 있는 클랜의 이름과 토템을 그려 넣은 모칠라도 있고 요즘에는 남미의 공산주의 혁명가 체 게바라의 얼굴을 새겨 넣은 모칠라도 있다. 멕시코인들의 모칠라 사랑도 콜롬비아인들 못지않다.

아름다운 문양을 도입한 기하학적 패턴.

멕시코를 사랑한 콜롬비아의 작가 가브리엘 마르케스가 사망했을 때 주문 제작된 프리다 칼로 모칠라 리미티드 에디션.

와유의 클랜 이름과 각 클랜의 토템이 그려진 모칠라.

와유 여인들은 침대에 해당하는 해먹chinchorro과 남편이나 아들을 위한 벨트siira, 자녀와 자신을 위한 옷, 그리고 모칠라를 처음에는 자신과 식구들이 사용하기 위해 만들었다. 하지만 이제는 수공예품을 귀하게 여기는 인식과 세상에 단 하나뿐인 나의 것을 추구하는 개성 있는 패셔니스타들의 니즈에 따라 오더를 받기도 하고, 또 관광객 등에게 팔기 위해 만들기도 한다.

이들의 패턴과 그 의미를 보며, 와유여인들은 그저 지나처 버리기 쉬운 일상의 주방용품, 파리와 개미 같은 하찮은, 아니 어쩌면 귀찮은 존재일수도 있는 곤충에서도 그리고 미니멀한 자연주의의 삶 속에 있는 온갖 것들에서 아름다움을 볼 수 있는 눈을 가지고 있음을 알 수 있다. 아주 적은 물건을 소유한 와유사람들. 때문에 그들에게는 이 모두가 아주 소중하며, 또 그만큼 감사하다. 아름다움은 언제나 감사함과 소중함 그리고 귀하게 여기는 마음을 동반한다.

에필로그 **모 칠 라 , 세 계 를 잇 는 하 나 의 사 랑 이 되 다**

나는 삶을 참 사랑하는 사람이다. 그 삶으로 가득한 이 세상도 참 많이 사랑한다. 무언가를 사랑하게 되면, 그것을 아름다운 것으로 가득 채우고 싶어진다. 그래서 나는 온갖 아름다운 것들을 사랑한다. 보석 세공과 같이 화려하고 장식적인 클림트의 회화 작품도 사랑하고, 클림트의 현란한 황금빛 붓 터치를 글로 옮겨 놓은 듯한 앙드레 지드의 수필과 소설도 사랑하고, 깨질 듯 여리고 선한 도스토옙스키의 영혼도 사랑하고, 이지적이고 편하고 그래서 부드럽게 아름다운 이어령의 글쓰기도 사랑한다. 르네 마그리트의 그림을 닮은 귀여운 구름이 낮게 떠 있는 새파란 파리의 하늘도 사랑하고, 넉넉한 미소를 띤 길고 아름다운 사람들이 많은 스톡홀름의 거리도 사랑하고, 언제라도 내가 좋아하는 뮤지컬을 볼 수 있는 뉴욕의 브로드웨이도 사랑하고, 온갖 패션들이 공존하는 도쿄의 다양성도 사랑한다. 흐드러지게 만개한 벚꽃도 사랑하고, 그 화려한 낙화도 사랑한다. 온몸으로 바람과 화답하며 내면의 열기를 색으로 토해내는 가을의 단풍도 사랑하고, 정화와 새로운 시작을 준비하는 혹독한 겨울의 추위도 사랑한다. 맛있는 것도 사랑하고, 예쁜 옷도 사랑하고, 맛있는 것을 만들어내는 사람들과 예쁜 옷을 만들어내는 디자이너들도 사랑한다.

끝도 없이 이어지는 나의 사랑 목록에 올해에는 정말 특별한 아이 하나가 추가되었다. 모칠라다. 보면 볼수록 예쁘고 사랑스러운 마카롱 같은, 또 영롱한 보석 같은, 여배우의 화려함을 닮은, 그러면서도 아이 같은 장난기를 담은 패턴을 어떻게 잊을 수 있을까?

얼마 전 다녀온 파리 패션 위크는 거의 소화하기 불가능해 보일 정도로 빡빡한 일정이었다. 그만큼 많이 걸어야 했고, 만나는 이들에게 받은 룩북과 오더 시트만으로도 무거운 짐이 예상되었다. 그러니 가방은 무조건 가벼워야 했다. 그렇다고 1년에 두 번 보는 디자이너들을 만나고, 또 패션 피플로 가득한 패션 위크 기간에 그것도 패션의 도시 파리에서 에코백만을 들고 다닐 수도 없는 노릇이었다. 그래서 가벼우면서도 패션을 책임져줄 수 있는 나의 오렌지색 모칠라와 함께하기로 했다. 일주일도 안 되는 짧은 기간 동안 너무도 많은 사람이 다가와 대체 어디서 이렇게 예쁜 가방을 샀냐는 질문을 했다. 나는 내 어깨에 얹힌 오렌지빛 가방의 이름이 모칠라라는 것과, 콜롬비아 태생이란 것, 또 한 땀 한 땀 다 손으로 뜬 것이라서 똑같은 가방은 세상 어디에도 없다는 설명까지 아주 자세하게 해주었다. 거리를 걷다 다가온 사람들뿐 아니라, 파리와 이

탈리아 등 유럽 바이어들도 너무 예쁘다며 많은 관심을 보였다. 남아메리카를 제외하고, 할리우드와 대한민국 그리고 일본과 홍콩에서만 모칠라가 관심을 받기 시작했지, 유럽은 아직 모르는 사람이 많았다. 장담하건데 다음 파리 패션 위크 때 많은 파리지앵의 어깨 위에 모칠라가 얹혀 있을 것이다. 그런 상상을 하면 벌써부터 가슴이 뿌듯하다.

뭐든지 아는 만큼 보이고, 또 아는 만큼 사랑하게 되는 법이다. 조금 과장하면 국내 제일의 모칠라 전문가가 되었다고 해도 과언이 아닐 만큼, 손에 넣을 수 있는 모든 모칠라 자료를 공부했다. 그렇게 이 예쁜 《모칠라 스토리》가 탄생했다. 아무런 계획 없이, 그저 모칠라를 사서 한국 고객들의 니즈를 충족시켜야겠다는 바잉 엠디로서의 목적 하나로 콜롬비아를 찾아갔던 수개월 전과는 달리, 지금은 모칠라 하나하나가 훨씬 더 소중하게 여겨진다. 내 어깨에 있는 모칠라는 파리지앵들의 부러움 섞인 시선으로 인해 나를 으쓱하게 만들 뿐 아니라, 지구 반대편에 있는 신비스럽고 아름다운 와유사람들을 돕는다는 마음의 부유함까지 더해준다.

이 《모칠라 스토리》를 쓰는 내내, 행복에 대한 지드의 말이 떠올랐다.

이기주의를 곡괭이로 내리찍고 나자 곧 내 심장에서 기쁨이 어쩌나 넘치도록 뿜어 나오는지 다른 모든 사람들에게도 그 기쁨의 물을 마시게 해줄 수 있을 것만 같았다. 가장 훌륭한 가르침은 모범을 보이는 것임을 나는 깨달았다. 나는 나의 행복을 천직으로 받아들였다.

_《지상의 양식》, 앙드레 지드, 민음사, 216페이지.

세계는 점점 이기적으로 변하고 있다. 신문을 읽으면, 마치 시계가 거꾸로 도는 것처럼 세계 역사가 거꾸로 가고 있는 듯하다. 기원전 800~200년 사이를 '축의 시대Axial Age'라고 부른다. 종족 이기주의에 빠져 있던 인류에게 보편적인 사랑을 역설한 소크라테스, 부처, 공자, 노자 등이 나타난 시기다. 그 시대 이후로 세계는 하나라는 의식, 너와 내가 전혀 별개의 존재가 아니라 서로가 서로에게 영향을 주는 연결되어 있는 존재이며 서로가 용서하고 사랑해야 한다는 의식들이 자라났다. 약육강식은 동물의 세계요, 인간의 세계에서는 강한 자가 약한 자를 도와주고 보호해야 한다는 의식이 강했다. 그런데 요즘 세계의 뉴스를 보면, 다시금 '축의 시대'가 도래하기 전인 종족 이기주의 시대로 가고

있는 듯하다. 미국의 도널드 트럼프가 그렇고, 필리핀의 두테르테가 그렇고, 또 영국의 브렉시트가 그렇다. 남자들이 중심이 된 세계는 이렇게 이기적이고 자기중심적이고 국수적으로 되어간다. 타인에 대한 배려나 희생이 아닌, 타인 때문에 내가 잃어버린 것, 그래서 그 타인을 배제하고 이제는 내 것을 챙겨야 한다고 주장하는 사람들이 전면에 나서고 있다. 한마디로 네가 아니라 나, 어려운 이웃을 도와주는 것이 아니라 그 어려움은 이웃의 것이지 내 것이 아니니 나에게 피해를 주는 일 따위는 하지 말라고 하고 있다. 네 것은 네 것, 내 것은 내 것, 이렇게 내 것 챙기기에 바쁘다. 세계가 연결되어 있고, 우리가 하나라는 삶의 연대의식이 남자들의 세계에서는 점점 희미해져간다. 오히려 나와 너 가르기, 선 긋기, 내 것 챙기기에 급급하다. 인간애와 인류애, 틱낫한 스님이 말한 '서로자아'의 개념 같은 것은 안중에도 없어 보인다. 불안하다.

이때 우리 여인들은 아름다움을 사랑하는 마음으로, 또 모든 것을 다 감싸 안을 수 있는 치마와 같은 넓은 마음으로, 콜롬비아 와유여인들이 20여 일 이상을 한 땀 한 땀 공들여 세상에 내어놓은 모칠라라는 아름다운 가방을 입양하는 작은 소비, 작은 사치로 우리 자신에게도 작은 행복을 선사하고, 또 분열되어

가는 세계를 하나로 잇는 데 아주 작지만 그래도 하나의 움직임을 만들어낼 수 있다고 믿는다.

마당 한쪽을 쓸면 지구의 한쪽이 밝아지고, 작은 사랑이 있으면 세상의 한 구석이 밝아진다는 어느 시인의 말처럼, 작은 반딧불이 까만 하늘을 아름답게 수놓는 것처럼 작은 소비로 밝아진 세상 한쪽이 지구 반대편에 사는 와유사람들의 작은 행복으로 전해지길 바란다. 와유여인들의 행복은 더 아름다운 모칠라로 우리에게 돌아올 것이다.

멸종 위기의 동물들은 우리의 보호가 필요하다. 한 종의 동물이 사라지면, 당장에는 그 효과가 적을지라도, 언젠가는 먹이사슬 전체에 커다란 영향을 끼친다. 문명, 그것은 참으로 편하고 위생적이고 매력적이다. 하지만 그 때문에 세계가 다 엇비슷해져 버렸다. 문명의 이기, 그 커다란 매력을 거부하기는 쉽지 않다. 그러기에 수백 년의 전통을 고스란히 간직하며 살아가는 와유사람들의 문화는 우리가 보호해주어야 한다. 사라져가는 하나의 문화를 보호하는 것은, 분명 사라져가는 동물을 보호하는 것만큼이나, 아니 그 이상으로 중요한 일일 것이다. 이런 의미에서 와유는 쉽지 않은 일을 해내고 있는 인류문명 보고의

전사들이다. 그들이 계속해서 자신들의 문화와 전통을 지켜나갈 수 있도록, 또 이토록 아름다운 모칠라를 계속해서 전통적 방식으로 한 땀 한 땀 생산해낼 수 있도록, 작은 힘이라도 보태고 싶다.

대부분의 소비자에게 현재 모칠라는 한여름의 '잇'백으로 여겨질 뿐이다. 콜롬비아를 가기 전 내게도 그랬으니까. 하지만 모칠라를 뜨는 3~6주의 수고로운 과정과 수백 년을 이어져 내려오는 전통, 그리고 와유여인들의 이야기를 알게 된다면, 모칠라를 그저 한여름 반짝하는 '잇'백으로보다는 지구상에서 점점 사라져가는 원주민이 그들의 문화와 자신들의 전통을 잃지 않으면서 살아나가게 할 수 있게끔 하는 삶의 방법임을 이해하게 될 것이다. 그래서 모칠라를 사는 작은 소비는 더 큰 차원의 생산적이고 문화적인 보호자로서의 역할로 이어지는 것이다. 모칠라에 관한 한 소비는 의미가 되고 의미는 행복이 되고, 세계를 하나로 이어주는 사랑이 된다.

모칠라, 그 안에는 수백 년을 이어온 전통과 와유여인들의 지혜와 창의성이 켜켜이 쌓여 있고, 또 그 안에는 가방 하나를 위해 실 한 올 한 올을 정성들여 고르고, 한 땀 한 땀 살아 숨 쉬는 여인의 개성과 예술성, 또 온전히 20일 이상의 삶이 수놓여 있다. 와유여인들의 시간과 노고에 비하면 모칠라는 턱없이 싼 가격이다. '모칠라가 좋다, 아름답다'라는 생각에만 머물지 말고, 그것이 갖는 의미, 역사성, 상징들을 음미하고 곱씹으며, 모칠라가 '나만의 모칠라'가 되는 의미 있는 경험이 되었으면 한다. 나의 아이, 나의 남자, 나의 친구, 나의 달, 나의 태양…… 모든 것이 '나의', '나만의' 것이 되면, 그것은 세상에 단 하나뿐인 특별한 것이고, 그것을 위해 죽어도 좋을 만큼 사랑스러워지고 소중해진다.

그리 특별할 것 없는 물건이 이제는 나의 삶에 특별함이 되어 깃든다. 그런 특별한 것, 사랑할 것이 삶 속에 많을수록 삶도 그만큼 부유해지고, 그 삶의 주인인 나도 그만큼 더 아름다워진다. 우리가 데려가는 모칠라 하나는 지구 반대편 와유여인의 미소가 되고, 동그랗고 아름다운 눈을 가진 아기의 일용할 양식이 되고, 건강하고 순수한 와유소년, 소녀의 미래가 된다.

이 책은 모칠라와 와유 문화를 사랑하는 많은 분의 도움이 있었기에 가능했다. 전 세계에 있는 영어로 된 자료는 샅샅이 다 모아봤지만, 책 네 권과 열 편도

되지 않는 소논문이 고작이었고, 그나마 있는 자료는 대부분 에스파냐어로 되어 있다. 그리고 직접 찍어온 사진 이외의 자료는 턱없이 부족했다.

번역과 사진, 많은 질문으로 엄청나게 괴롭혔음에도 불구하고 끝까지 친절하고 꼼꼼하게 답해주신 콜롬비아 대사관의 세르히오 상무관님께 감사의 말씀을 전한다. 그리고 이 작은 프로젝트에 전폭적인 지원과 지지를 아끼지 않은 주한 콜롬비아 티토Tito Saul Pinilla Pinilla대사님과 그가 보여준 커다란 우정에 진심으로 감사한다.

와유와 그 문화에 대한 사랑과 이해 그리고 관심을 공유하며, 나를 도와준 《Si'ira》의 저자 미리아 와르크Mirja Wark, 그리고 밤낮 없는 내 질문들을 와유여인들에게 하나하나 확인해준 내 콜롬비아인 친구 Camila Urubura에게도 감사드린다. 이제는 나만큼이나 모칠라 전문가가 된, 그리고 모칠라에 대한 사랑에서도 나를 능가하는 어여쁜 스텝들 이민애, 김시연, 설주영 님에게도 진심으로 감사의 말을 전한다.

마지막으로, 출판 시장의 어려운 여건에도 불구하고 《모칠라 스토리》의 좋은 의도를 금방 이해하고, 흔쾌히 책의 출간을 맡아주신 출판사 RHK의 양원석 대표님과, 나의 스크립트와 사진들을 이토록 아름다운 책으로 만들어 주신 편집팀에도 감사드린다. 정말 세상은 감사할 것, 감사할 분투성이임을 다시금 느끼게 된다.

2016년의 끝자락에서

김정아

나와 내 첫 번째 모칠라.
아름답지만 슬픈 역사로 가득한 Plaza de La Aduana, Cartagena, Colombia에서.

| 콜롬비아 대사관이 인증한 모칠라 공식 판매처 |

스페이스 눌

현대 백화점 코엑스 3층: 02-3467-8336

에비뉴엘 월드 타워 5층: 02-3213-2537

눌+호프 현대 백화점 본점 3층: 02-3448-6115

월드타워 에비뉴엘 모칠라 스토어 1층: 02-3213-2537

PROJECT ANNE by SK Planet (www.project-anne.com)

My Boon

SSG 청담 1층: 02-6947-1270

신세계 본점 신관 3층: 02-310-1878

신세계 강남점 본관 4층: 02-3479-1342

신세계 센텀시티점 센텀몰 1층: 051-745-1397

THE MOCHILLA

모칠라 스토리

1판 1쇄 인쇄 2016년 12월 19일

1판 1쇄 발행 2016년 12월 27일

지은이 김정아

발행인 양원석

편집장 김건희

디자인 엄혜리

제작 문태일

영업마케팅 이영인, 박민범, 이주형, 양근모, 이선미, 김보영, 이규진

펴낸 곳 ㈜알에이치코리아

주소 서울시 금천구 가산디지털2로 53, 20층 (가산동, 한라시그마밸리)

편집문의 02-6443-8902   **구입문의** 02-6443-8838

홈페이지 http://rhk.co.kr

등록 2004년 1월 15일 제2-3726호

ISBN 978-89-255-6082-3 (03320)